왜 이런 이름이 생겼을까?

글쓴이 박시화

만경강이 흐르는 전라북도 솜리에서 태어났습니다.
과학자가 되고 싶어 물리학을 공부했는데 어쩌다 보니 책 만드는 편집자가 되어 편집장으로 일하며
100여 권의 책을 만들었습니다. 평소 풀과 나무와 곤충과 음식 들에 왜 이런 이름이 붙었을까 궁금해 하며
찾아보고 틈틈이 공부한 것을 모아 갈무리한 것이 이 책이에요.
지금은 후배 편집자들을 위해 강의도 하고 우주와 생명에 대해서도 공부하며 글을 쓰고 있습니다.
2009년 한국출판인회의에서 '아름다운 교수상'을 받았습니다.
지은 책으로는 《하늘을 보고 과학을 생각하다》가 있습니다.

그린이 채상우

꼭두 일러스트 교육원에서 그림책을 공부했습니다.
지금은 친구들과 공동 작업실에서 재밌게 그림을 그리고 있습니다.
그동안 그림책 《파랑이 싫어!》, 《잠을 자요》를 쓰고 그렸습니다. 그린 책으로 《한라산 대 백두산 누가 이길까?》,
《친구란 뭘까?》, 《무슨 꿈 꿀까?》, 《심심해》, 《아가 입은 앵두》 등이 있습니다.

왜 이런 이름이 생겼을까? 식물2

초판 1쇄 발행 2021년 12월 10일
글쓴이 박시화 | 그린이 채상우
사진 Christian Hummert(19쪽), KENPEI(23쪽), 문화재청(33쪽, 39쪽), WBjw(45쪽)
펴낸이 홍성우 | 책임 편집 이정은 | 디자인 조은화
펴낸곳 기린미디어 | 등록 2016년 4월 26일 제 409-2016-000009호 | 제조국 대한민국 | 사용 연령 8세 이상
주소 경기도 김포시 모담공원로 17 | 전화 0505-302-2381 팩스 0505-300-2381 | 전자우편 girinmedia@daum.net

ISBN 979-11-91142-38-9 74700 979-11-91142-32-7(세트)

우리가 몰랐던 **식물** 이름의 유래

왜 이런 이름이 생겼을까?

박시화 글 채상우 그림

기린미디어

넌 이름이 머니?

우리가 어떤 친구를 처음 만났다고 해 봐. 그러면 서먹서먹해서 공연히 딴 곳을 쳐다보다가, 무슨 말을 할까 재빨리 머리를 굴리겠지? 그리고 얼른 이렇게 말할 거야.

"안녕, 넌 이름이 뭐니?"

우리가 어떤 물건을 처음 봤을 때도 비슷할 거야. 그 물건에 대해서 아는 것이 아무것도 없을 때, 우리는 '이름'부터 궁금해하잖아. 어떤 사물의 이름을 아는 것은 그 사물과 친해지는 첫걸음이야.

이 세상에는 헤아릴 수 없이 많은 것들이 있어. 사람, 동물, 식물, 음식, 나라……. 그리고 이 모든 것들은 저마다 이름이 있지. 이 책은 우리에게 익숙한 동물이나 식물, 지역 등의 이름에 대해 쉽고 재미있게 풀이하고 있어. 이 책을 읽다 보면 틀림없이 '발견의 놀라움'과 '앎의 기쁨'을 느끼게 될 거야.

어떤 사물의 이름이 어떻게 생겨났는지를 알면 그 사물에 대해 관심이 생기면서 좀 더 깊이 들여다보게 돼. 그리고 그 과정에서 그 사물과 다른 사물들의 관계도 보이게 되지. 그러다 보면 저절로 세상 모든 것에 대해 탐구심이 생겨나게 돼.

그러니까 '이름 공부'는 곧 '말 공부'고, '말 공부'는 곧 '국어 공부'야. 그런데 생각해 봐. 우리가 학교에서 배우는 과목 중에 '말' 그러니까 '국어'로 되어 있지 않은 것이 있어? '국어'는 단순히 여러 과목 중의 하나가 아니야. 다른 모든 과목을 떠받치는 바탕이지.

자, 그럼 우리 다 같이 흥미진진한 '이름의 세계'로 모험을 떠나 볼까?

차 례

쥐똥나무
누가 제기다 똥쌌어?

쌀밥 한 그릇 줄까?

보릿고개는 싫어!

나이 많은 어르신들 중에는 보리밥이나 잡곡밥을 안 드시는 분들이
간혹 계셔. 그렇다고 편식을 하는 건 아니야.

어르신들 어렸을 적에는 보릿고개라는 게 있었어. 농사를 지어 가을
에 추수한 곡식은 겨우내 다 먹었는데, 봄에 거둘 보리는 아직 자라지
않아서 겨울과 봄 사이에 먹을거리가 없는 시기를 보릿고개라고 해.
그래서 산과 들의 나물이나 풀을 뜯어 먹고, 어쩌다 한 번 밥을 먹게
되더라도 쌀은 없고 보리나 조, 수수 같은 잡곡이 들어 있어서 먹기
가 힘들었다고 해. 먹고살기가 나아진 지금 사람들은 추억의 음식이
라거나 건강식이라고 해서 보리밥이나 잡곡밥을 즐겨 찾지만, 그때
기억이 싫은 어르신들은 안 드시는 거지.

흰쌀밥을 꼭 닮은 꽃

이팝나무는 먹을 게 변변치 않았던 옛 시절을 떠올리게 하는 나무야. 하얀 꽃이 수북하게 피어나는 이팝나무를 보면 꼭 흰쌀밥을 밥그릇 가득 담아 놓은 것 같거든.

'이팝나무'라는 이름도 바로 그런 뜻을 담고 있어. 우리가 먹는 쌀에는 멥쌀과 찹쌀 두 종류가 있는데, 우리가 매일 밥으로 지어 먹는 쌀이 멥쌀이야. 멥쌀을 다른 말로 '입쌀'이라고 해. 우리 입에 늘 들어가는 쌀이라는 뜻이지. 입쌀로 지은 밥을 '이밥'이라고 하고.

이팝나무는 원래 '이밥나무'로 불렸어. '흰쌀밥 나무'라는 뜻으로 말이야. '이밥나무'가 '이팝나무'로 발음이 변해서 지금의 이름이 된 거야. 이팝나무 꽃은 정말 한가득 그릇에 담은 쌀밥처럼 보이거든. 얼마나 쌀밥이 먹고 싶었으면 나무에 핀 꽃을 보고 쌀밥 같다고 했을까.

풍년을 알리는 나무

농부들은 그해 농사가 풍년이 들기를 늘 고대할 거야. 농부뿐 아니라 쌀밥을 먹고사는 모든 사람의 마음이 그렇겠지? 그래서인지 시골 마을에 가면 이팝나무가 여기저기 심겨 있는 걸 볼 수 있어. 마을 사람들이 일부러 심은 것인데, 쌀밥을 닮은 꽃이 보기 좋은 것도 있겠지만 이팝나무 꽃이 탐스럽게 활짝 피면 풍년이 들고 그렇지 않으면 흉년이 든다는 믿음 때문이기도 해.

이팝나무 꽃이 풍년을 불러오냐고? 사실 이건 이팝나무가 물이 많은 곳에서 잘 자라는 특성 때문에 생긴 믿음이야. 지하수가 풍부하면 이팝나무 꽃이 활짝 피고, 농사 역시 잘되겠지? 가뭄이 들어 물이 모자라면 이팝나무 꽃도 시들하고 농사도 흉작이었을 거야. 나무 한 그루에서도 지혜를 발견한 우리 조상들은 참 대단해.

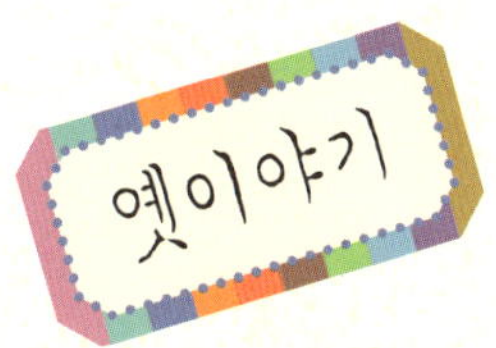

나무꾼의 흰쌀밥

옛날, 아주 먼 옛날 어느 산골에 가난한 나무꾼이 홀어머니를 모시고 살고 있었어. 어머니는 오랫동안 병을 앓아서 식사도 잘 하지 못하고 누워 지냈지.

그런데 어느 날 어머니가 "애야, 흰쌀밥이 먹고 싶구나!" 하는 거야. 나무꾼은 그 말에 반가워하며 부엌으로 한달음에 달려갔어. 하지만 정작 쌀독에는 쌀이 한 그릇 겨우 될 정도밖에 남아 있지 않았지.

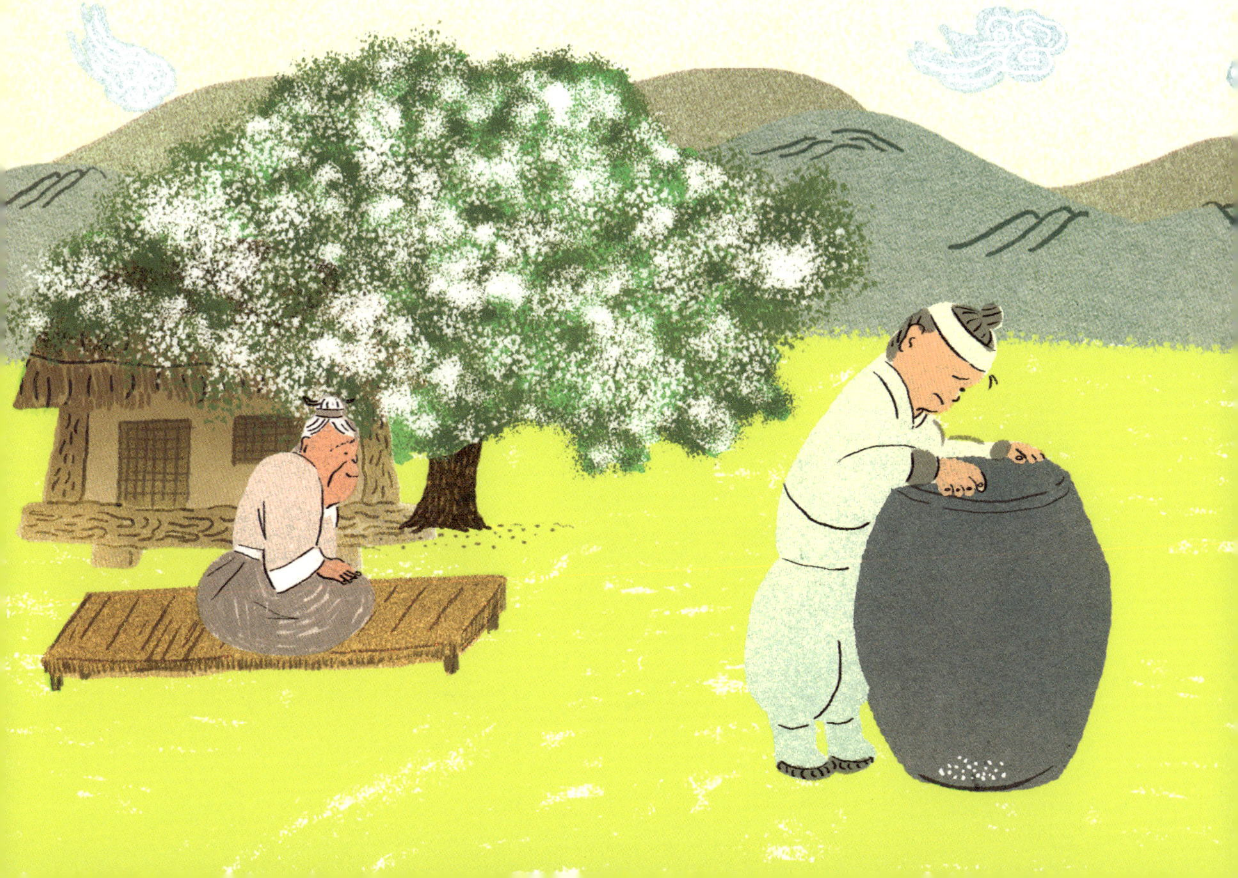

'이걸로 밥을 하면 한 그릇밖에 안 될 텐데 어떡하지. 어머니께만 밥을 드리면 내 걱정 하시느라 밥을 안 드실지도 모르는데.'

부엌 바닥에 주저앉아 낙담하던 나무꾼의 눈에 마침 마당에 흰 꽃이 탐스럽게 핀 나무가 보였어. 그런데 그 꽃 모양이 마치 그릇에 가득 담긴 쌀밥처럼 보이는 거야.

'옳지, 그러면 되겠구나.'

나무꾼은 정성스레 밥을 지어 상을 차렸어. 어머니에게 드릴 밥그릇엔 흰쌀밥을 수북하게 담고 자신이 먹을 그릇엔 흰 꽃을 따서 가득

담았지. 그랬더니 영락없이 쌀밥을 가득 담은

듯이 보였어. 밥상을 들고 방에 들어가니 어머니가 가득 담긴

쌀밥을 보며 좋아했어.

“어머니, 많이 시장하시죠. 진지 드세요.”

“그래, 하얀 쌀밥이 참 보기 좋구나. 너도 같이 먹자.”

오랫동안 병석에 누워 있던 어머니는 오랜만에 흰쌀밥을 맛있게 먹
었어.

“어머니, 밥맛이 정말 좋아요. 밥 많이 드시고 빨리 건강해지셔야죠.”

어머니가 오랜만에 쌀밥을 잘 드시는 모습에 나무꾼은 기뻐서

자신은 흰 꽃 밥을 먹으면서도 활짝 웃었어.

어머니도 덩달아 웃었지.

그때 마침 나무꾼 집 근처로 임금님의 행차가 지나가고 있었어. 초라한 오막살이집에서 즐거운 웃음소리가 들려오자 임금님은 그 연유를 알아보고는 크게 감동하여 나무꾼에게 큰 상을 내렸지. 이 일이 세상에 알려지면서 사람들은 그 나무를 이팝나무라고 불렀다고 해.

이팝나무 꽃 필 적에는
딸네 집에도 가지 마라

이팝나무는 지난해에 거둔 곡식이 떨어질 때쯤인 보릿고개에 꽃이 펴. 보릿고개에 시집간 딸네 집에 가면 자기네 먹을 곡식도 없는데 친정 부모님을 대접하려면 마음고생이 심하니 가지 말라는 뜻을 담은 속담이야.

이팝나무

- **분류** : 용담목 물푸레나뭇과
- **자라는 곳** : 한국 중부 이남, 일본, 중국 등
- **생김새** : 큰 것은 약 20미터까지 자란다.
  나무껍질은 잿빛을 띤 갈색이고 어린 가지에 털이 약간 난다.
- **잎** : 마주나고 잎자루가 길며 타원형이다.
  가장자리가 밋밋하지만 어린싹의 잎에는 겹톱니가 있다.
- **꽃** : 암수딴그루로 4~6월에 핀다.
- **열매** : 타원형이고 검은 보라색이며 10~11월에 익는다.
  번식은 씨를 심거나 꺾꽂이로 한다.

몸에 좋은 수액을 줄게

가을에는 단풍나무

'오-매 단풍 들것네'

사투리여서 더 정겹게 들리는 이 말은 김영랑 시인의 시에 나오는 구절이야. 장독대에 서 있던 누이 앞에 날아와 떨어진 감잎을 보고 누이가 "오-매 단풍 들것네." 했다고 시에 나와.

가을이 되면 많은 나뭇잎에 단풍이 들면서 온 세상이 울긋불긋 물감을 칠한 듯 보여. 사람들은 너도나도 앞다투어 단풍 구경을 가지. 가을 단풍은 뭐니 뭐니 해도 불붙은 것처럼 빨갛게 물드는 단풍나무가 으뜸일 거야.

단풍나무가 많아서 가을이 되면 온 산이 불이라도 난 듯이 물드는 전라도 내장산이나 강원도 설악산 단풍이 그래서 유명해.

단풍보다 수액으로 유명해

고로쇠나무는 단풍나무의 한 종류야. 단풍나무는 세계 여러 나라에서 많이 자라는데, 캐나다 같은 나라는 국기에도 단풍나무 잎을 그려 넣을 정도로 자기 나라의 단풍나무를 자랑하기도 해.

고로쇠나무는 단풍나무 중에서도 우리나라와 일본, 중국에서만 자라는 나무야. 이 나무는 공해에 약해서 도시 근처에서는 보기 힘들고, 공기가 맑은 시골이나 산골에 가야 볼 수 있어. 우리나라에서는 전라남도 광양이나 지리산 구례 같은 곳에서 많이 자라지.

고로쇠나무가 유명한 이유는 예쁜 단풍 때문이기도 하지만, 그것보다는 고로쇠나무에서 나오는 수액에 사람 몸에 좋은 성분이 많이 들어 있기 때문이야. 이른 봄 고로쇠나무 수액에는 칼륨이나 마그네슘, 철 같은 미네랄 성분이 많고 특히 칼슘 성분이 보통의 물이나 수액에 비해 열 배나 많이 들어 있다고 해. 그래서 많은 사람들이 고로쇠 수액을 즐겨 찾아.

뼈를 이롭게 하는 나무

이 나무의 이름이 고로쇠가 된 데에는 전설이 하나 내려와.

통일 신라 때 도선 국사라는 큰스님이 있었는데, 전라남도 광양 근처
에 있는 백운산에서 오랫동안 수련을 했어.

오랜 수련을 마치고 산 아래로 내려가기 위해 일어나려는데 너무 오
랫동안 앉아서 수련한 탓에 무릎이 펴지지를 않지 뭐야. 그래서 비
틀거리며 엉겁결에 옆에 있는 나뭇가지를 잡았는데 나뭇가지마저 죽
찢어져 버렸어. 나무 밑에 넘어진 도선 국사가 다시 일어서려고 고
개를 들었는데 그때 찢어진 나뭇가지에서 물방울이 방울방울 떨어졌
어. 마침 목이 말랐던 도선 국사는 그 물을 받아 마셨지.

그랬더니 펴지지 않던 무릎이 탁 펴지면서 다리가 하나도 아프지 않
더라는 거야. 나무의 효능에 감탄한 도선 국사는
나무의 이름을 '뼈를 이롭게 하는 나무'라는
뜻으로 '골리수'라고 지었대.

그래서 사람들이 '골리
수나무'라고 불렀는데
발음이 변해서 고로쇠
나무가 되었다고 해.

수액 채취는 언제?

고로쇠나무 수액은 1월 말에서 3월 중순에 받는다고 해. 즉, 아직 잎이 나지 않았을 때 채취하는 건데 그렇게 해야 나무의 건강에 해가 되지 않기 때문이야.

잎이 나지 않았을 땐 고로쇠나무가 영양분과 물을 따로 저장하기 때문에 수액을 빼낸다고 해서 나무의 성장에 해가 되지 않아. 하지만 잎이 난 상태에서 수액을 빼내면 나무에 도움이 되는 영양분도 함께 배출되기 때문에 나무의 건강에 나쁜 영향을 미치게 되거든. 그러니까 아무 때나 함부로 수액을 채취하면 안되는 거야.

고로쇠나무

- **분류** : 무환자나무목 단풍나뭇과
- **자라는 곳** : 한국, 중국, 일본 등
- **생김새** : 큰 것은 키가 약 20미터에 이른다.
  나무껍질은 회색이고 여러 갈래로 갈라지며 잔가지에 털이 없다.
- **잎** : 마주나고 둥글며 대부분 손바닥처럼 다섯 갈래로 갈라진다. 잎끝이 뾰족하다.
- **꽃** : 잡성으로 양성화와 수꽃이 같은 그루에 핀다.
  4~5월에 작은 꽃이 잎보다 먼저 연한 노란색으로 핀다. 꽃잎은 다섯 개이다.
- **열매** : 프로펠러 같은 날개가 있으며 9월에 익는다.

부처님 생각 보리밥 생각

서로 다른 보리수나무

보리수나무라고 하면 석가모니 부처님이 절로 떠올라. 부처님이 보리수나무 아래 앉아 명상을 하던 중 깨달음을 얻었다고 해서 유명해진 나무거든. 그런데 사실은 부처님이 명상을 했던 보리수나무와 우리나라에서 자라는 보리수나무는 서로 다른 나무야. 부처님과 관련이 있는 나무의 원래 명칭은 '핍팔라' 나무야.

인도의 옛말에 '깨달음을 준 나무'라는 뜻으로 '보디 브리크샤'라는 말이 있는데 이것을 한자로 옮기면서 '보리수'가 된 것이라고 해. 그러니까 우리가 알고 있는 보리수나무와 불교의 보리수나무는 같은 나무가 아니야.

우리나라 절에 많이 심겨 있는 보리수나무도 인도의 핍팔라 나무가 아니야. 왜냐하면 핍팔라 나무는 우리나라 같은 추운 곳에서는 자랄 수 없고 인도 같은 동남아시아의 따뜻하고 습기가 많은 곳에서 자라는 나무이기 때문이야.

우리나라 절에 심은 보리수나무는 원래 찰피나무라는 종류라고 해. 찰피나무는 피나무의 한 종류인데, 이 나무가 핍팔라 나무와 많이 닮았고 열매로는 스님들이 쓰는 염주를 만들거든. 그래서 절에서는 보리수나무 대신 찰피나무를 많이 심어.

삶은 보리를 닮은 열매

우리가 알고 있는 보리수나무는 열매가 익는 때가 보리를 베는 철인

늦봄이나 초여름과 비슷하고 또 열매가 삶아 놓은 보리와 비슷해. 그래서 보리수나무라는 이름이 붙었어.

보리수나무 열매는 붉은색에 아주 통통하게 생겼어. 모양이 꼭 보리 알맹이를 삶은 것처럼 보이거든. 보리밥 먹을 때 한번 자세히 봐 봐. 삶은 보리가 얼마나 탱탱한지 말이야. 그래서 사람들은 보리수 열매를 '보리똥'(전라도, 경상도), '포리똥'(전라도), '보리장'(전라도), '보리밥'(경상도)이라고 불렀나 봐.

열매는 맛도 좋아. 빨갛게 익은 열매를 먹어 보면 약간 텁텁한 맛이 있긴 하지만 달콤한 맛이 많이 나.

약으로도 쓰고 차로도 마시고

보리수나무는 열매와 잎, 줄기, 뿌리를 모두 약으로 쓸 수 있어. 특히 열매는 옛날부터 기침, 가래, 천식을 치료하고 설사를 멎게 하는 데 특효가 있는 것으로 이름 높았지. 생으로 먹기도 하고 잼이나 파이의 재료로 이용하기도 했어.

잎이나 잔가지는 설사를 멎게 하거나 피 나는 것을 멈추게 하는 데 썼고, 줄기는 알코올 중독을 푸는 데 쓰기도 했대. 또 꽃에는 정유 성분이 있고 은은한 향기가 있어서 차로 달여 마시거나 향료를 만드는 데 쓰기도 했고 말이야.

보리수나무는 버릴 게 없는 아주 쓸모 있는 나무라는 걸 알겠지?

보리수나무

- **다른 이름** : 보리똥나무, 보리화주나무, 뽈똥나무, 포리똥 등
- **분류** : 도금양목 보리수나뭇과
- **자라는 곳** : 한국의 중부 이남, 일본, 중국, 인도 등. 산비탈의 풀밭에서 자란다.
- **생김새** : 키가 대개 3~4미터이고 가지는 은백색 또는 갈색이다.
- **잎** : 어긋나고 긴 타원형이며 가장자리가 밋밋하고 은백색의 비늘털로 덮이지만 앞면의 것은 떨어진다.
- **꽃** : 5~6월에 피고 처음에는 흰색이다가 연한 노란색으로 변하며 잎겨드랑이에 달린다.
- **열매** : 둥글고 10월에 붉게 익으며 잼이나 파이의 재료로 이용하고 생으로 먹기도 한다.

내 안에 보석이 한가득

톡 튀어나올 것만 같은 석류 알

무더운 여름이 지나고 가을바람이 불어올 때쯤이면 주먹만 한 열매가 쫙 벌어지면서 통통한 알맹이가 톡 튀어나올 것처럼 생긴 과일이 있단다. 무엇일까? 바로 석류야. 새콤달콤한 석류 알은 생각만 해도 입에 침이 고이게 해.

우리나라에는 통일신라 시대에 처음 전해져서 조선 시대까지도 많이 심었고, 2, 30년 전까지만 해도 따뜻한 남쪽 지방 집 마당에 많이 심어 가꾸었지만 지금은 보기 힘들어졌어. 백화점이나 마트에 가야 열매를 볼 수 있게 되었지.

페르시아에서 온 선물

석류는 원래 이란, 아프가니스탄, 파키스탄과 같은 서남아시아에서 자라는 나무야. 옛날에는 그 지역이 파르티아 제국이었어. 이란의 고대 왕국이었던 파르티아를 세운 것이 아르사케스라는 왕이었는데, 이 왕의 이름을 따서 아르사크 왕조라고 부르기도 했어. 실크 로드를 통해 아르사크 왕조와 무역을 하던 중국은 아르사크라는 말을 한자로 옮겨서 '안석국'이라고 불렀지. 석류는 안석국에서 전해온 것이어서 처음에는 '안석류'라고 불렀대. 그러다가 지금처럼 '석류'로 이름이 변한 거야.

복주머니 석류 열매

석류 열매는 끈으로 동여맨 주머니같이 생겼어. 그 안에 뭐가 들었을까, 반짝이는 보석이라도 들었을까 하고 궁금하게 만드는 모양인데, 실제로 보석 같은 알맹이가 들어 있지.

석류 알맹이는 붉은빛이 도는 투명한 과육으로 싸여 있는데, 이 과육이 새콤하고도 달콤한 맛을 내. 이런 알맹이가 석류 열매 안에는 무척 많이 들어 있어. 그래서 옛날 사람들은 석류를 다산을 상징하는 열매, 즉 아이를 많이 낳게 해 주는 열매라고 생각했지. 그리고 실제로 석류는 여성의 몸에 좋은 성분을 많이 가지고 있기도 해.

마귀할멈과 부처님

옛날 인도의 어느 마을에 어린이를 붙잡아 가는 마귀할멈이 있었어. 마귀할멈은 어린이들을 잡아다 보석과 바꿔 가지는 것을 좋아했지. 마귀할멈의 이런 나쁜 행동 때문에 마을에서는 큰 소동이 일어났어. 어린이가 밖에 나갈 때는 반드시 어른의 손을 잡고 나가야 했고, 어린이들끼리도 서로 만나 재밌게 놀 수가 없었지.

참다못한 마을 사람들은 부처님을 찾아가 하소연을 했어. 마귀할멈의 못된 버릇을 고쳐 달라고 말이야.

마을 사람들의 이야기를 들은 부처님은

마귀할멈의 버릇을 고치기 위해 마귀할멈의 막내딸을 보이지 않게 감춰 버렸어.

마귀할멈에게는 천 명이나 되는 자식이 있었어. 그럼에도 천 명의 자식 중 딸 하나가 보이지 않자 온 동네를 돌아다니며 고래고래 고함을 치고 울부짖었지.

그 모습을 본 부처님은 마귀할멈에게 말했어.

"너는 자식이 천 명이나 있는데 겨우 한 명을 잃었다고 그리 슬퍼하느냐?"

그러자 마귀할멈은 부처님을 쏘아보며 말했어.

"부처님, 당신은 자비의 신이라 들었는데 어째서 남의 슬픔은 헤아리지 못하나요."

그러자 부처님은 슬그머니 미소를 머금으며 마귀할멈에게 제안했어.

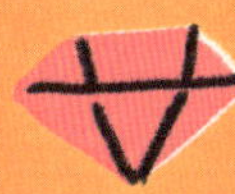

"네가 그동안 빼앗은 어린이들을 부모 품으로 돌려보낸다면 네 자식을 내가 찾아 주마. 또 네가 그렇게 좋아하는 루비 보석도 마음껏 가져가게 해 주마."

아무리 악한 마귀할멈이라도 자식을 생각하는 마음은 여느 부모와 같은가 봐. 마귀할

멈은 부처님의 제안을 흔쾌히 받아들였지.

부처님은 마귀할멈을 루비 보석이 산처럼 쌓인 보물 창고로 데려갔
어. 그러고는 커다란 자루를 주고 마음껏 담아 가라고 했지.

보석에 눈이 먼 마귀할멈은 신이 나서 자루 가득 루비를 담아 어깨에
메고 일어나려 했지만 너무 무거워서 도로 쓰러지고 말았어. 그때 없
어졌던 막내딸이 눈앞에 나타났어!

"어머니, 보석은 두고 저랑 집에 가요."

잃었던 자식을 찾은 기쁨도 잠시, 마귀할멈은 막내딸의 말을 듣지 않
고 기어이 자루를 메고 힘겹게 일어서서 한 발짝 두 발짝 걷다가는
쓰러져 다시는 일어나지 못하고 죽고 말았어.

그 모습을 지켜보던 마을 사람들이 달려와서 마귀할멈을
흔들어 보았지만 이미 죽은 마귀할멈은 일어나지 못했지.

그런데 죽은 마귀할멈 손에 쥐고 있던 열쇠
꾸러미가 보였어.

마을 사람들은 그 열쇠로 어린이들이

갇혀 있는 문을 열고 자식들을 찾아갔지.

세월이 흘러 마귀할멈이 쓰러졌던 곳에 석류

나무 한 그루가 자랐어. 그 나무에 열린 열매는

붉은 비단 주머니 모양을 하고 있었고, 그 안에는

루비 보석처럼 반짝이는 씨가 들어 있었지. 그 후로

사람들은 석류를 마귀할멈의 루비 주머니라고 생각하게 되었어.

석류나무

- **분류** : 도금양목 석류나뭇과
- **자라는 곳** : 이란, 인도 등의 아열대 지방
- **생김새** : 다 자라면 키가 3미터 정도이고,
  가지의 끝이 가시로 변한다.
- **꽃** : 붉은색으로 5~6월에 피며 10월에 열매를 맺는다.
- **열매** : 동그란 주머니 모양이고 노란색이나 붉은색으로 익는다.
  열매 속에는 여러 개의 작은 주머니가 있고 그 안에 투명한 껍질에 싸인 씨가 들어 있다.

오 리야, 스무 리야?

거리를 나타내는 나무?

십 리 절반 오리나무

열아홉에 스무나무

마흔아홉에 쉰나무

아흔아홉에 백자나무

말장난 같은 이 노랫말은 봉산 지방에서 내려오는 민요야. 오리나무, 스무나무, 쉰나무, 백자나무는 모두 나무 이름이야. 나무 이름에 빗대어 재미난 노랫말을 만든 거지. 열아홉인데도 스무 살이라고 해야 하는 스무나무, 마흔아홉인데도 쉰 살이라는 쉰나무, 아흔아홉인데도 백 살이라는 백자나무 들은 참 속상하겠지?

하지만 오리나무는 사정이 달라. 노랫말 그대로 10리의 절반인 5리를
가리키는 나무거든. 그리고 스무나무는 지금은 시무나무라고 불리는
나무인데, 이 역시 거리를 나타내는 이름이야.

과거 길에 이정표로 심었어

오리나무의 '리'는 옛날에 쓰던 거리의 단위야. 지금은 미터나 킬로
미터로 거리를 나타내지만 옛날에는 '리(里)'라는 단위를 썼어. 1리는
지금 단위로는 약 400미터야. 그러니까 10리는 4킬로미터고, 5리는
2킬로미터인 거지.

늘 자동차나 지하철을 타는 지금이야 10리, 5리를 걸으라면 다리도 아프고 힘들겠지만 옛날에는 100리, 천 리 길도 걸어 다녔거든. 과거 시험이 있던 조선 시대에는 부산이나 진주, 목포 같은 곳에서 한양까지 거의 천 리 길을 걸어 시험을 치렀다고 해. 그때 사람들이 길을 잃지 않도록, 혹은 얼마나 걸었는지 알 수 있도록 심은 나무가 오리나무야. 그래서 이름도 거리를 나타내는 '오 리'를 붙인 거란다.

오리나무는 말 그대로 5리, 그러니까 2킬로미터마다 심어서 거리를 쟀어. 또 시무나무는 20리마다, 그러니까 8킬로미터마다 심었다고 해. 길을 떠난 나그네가 한참을 가다가 오리나무가 나오면 "아, 이제 5리를 왔구나." 하고, 시무나무가 나오면 "벌써 20리를 걸었네." 했던 거야. 시무나무는 스무 리, 즉 20리를 일컫는 말이었는데 '스무→시무'로 변해서 나무 이름이 되었어.

옷감 물들이는 물감 나무

오리나무는 '물감 나무'라는 이름도 갖고 있어. 오리나무의 껍질을 삶으면 짙은 갈색이 우러나거든. 또 나무를 통째로 삶으면 붉은색이 나와서 옷감을 물들이는 데 썼다고 해. 바닷가 마을에서는 오리나무 열매와 논의 개흙을 섞어서 고기 잡는 어망을 물들였다고 하는데, 그건 오리나무에 많이 들어 있는 타닌이라는 성분을 이용한 거야. 제주도 전통 옷인 갈옷을 물들이는 감나무도 마찬가지로 타닌 성분이 있어서 염색 재료로 썼어.

오리나무

- **분류** : 참나무목 자작나뭇과
- **자라는 곳** : 한국, 일본, 중국 등
- **생김새** : 다 자라면 키가 20미터에 달한다. 나무껍질은 회갈색을 띠고 세로로 불규칙하게 갈라진다. 어린 가지는 갈색 또는 자갈색으로 매끄럽다. 암수한그루로 봄에 잎보다 먼저 꽃이 달린다.

시무나무

- **분류** : 장미목 느릅나뭇과
- **자라는 곳** : 한국, 중국 등. 산기슭 양지바른 곳이나 하천 유역에서 잘 자란다.
- **생김새** : 다 자란 것은 키가 20미터에 달하고 몸통은 지름이 2미터 정도다.
- **잎** : 어긋나고 긴 타원 모양이고 끝이 뾰족하며 밑은 둥근 모양이다. 가장자리에 톱니가 있다.
- **꽃** : 어린 가지 밑동에 모여 나는데 5월에 연노랑 빛으로 핀다.
- **열매** : 찌그러진 달걀 모양으로 끝이 두 개로 갈라지며 6월에 익는다.

마을 입구에서 나 봤지?

그늘도 최고 단풍도 최고

"맴맴맴맴" 요란한 매미 울음소리를 들으며 더운 여름 한낮의 햇빛을 피하기에 나무 그늘만큼 좋은 곳이 없을 거야. 그중에서도 커다란 느티나무 그늘은 아래에 널따란 평상을 놓고 쉴 수 있을 만큼 넓고 시원하지.

그래서 학교 운동장 한구석이나 공원 그리고 가로수로 느티나무를 많이 심어. 큼직큼직한 키도 시원하지만 느티나무가 드리우는 그늘이 아주 좋거든. 가을이면 노랗게 물드는 단풍도 그림에서나 볼 것처럼 멋지단다.

천 년도 넘은 나무가 있다고?

우리나라에는 느티나무가 참 많아. 지금은 도시의 가로수나 공원에
도 많이 심지만, 옛날부터 마을 입구에 심는 정자나무로 느티나무를
심어 왔어. 그래서 나이가 500살, 800살, 천 살이 넘는 느티나무도
있단다. 모두 천연기념물로 지정해서 보호하고 있어.
'느티나무'라는 이름은 이 나무의 단풍잎 색깔과 관련이
있어. 가을이면 이파리가 노랗게 물들
거든. 그래서 옛날에는 누렇다
는 뜻으로 '누튀나무'라고
했는데, 그것이 '느튄
나무→느티나무'로
변하게 된 거래.

풍년을 알려 줄게

조선 시대 책 《산림경제》에는 "느티나무 세 그루를 집 안에 심으면 부귀를 누리고, 서남간에 심으면 도적을 막는다."라는 내용이 나와. 부귀를 주고 도둑을 막아 준다니 대단한 나무가 아닐 수 없지?

또 마을 어귀에 정자나무로 많이 심은 느티나무는 봄에 싹이 나오는 걸 보고 한 해의 농사를 점쳤다고 해. 나무 꼭대기 쪽의 싹이 먼저 나오면 풍년이 들고 아래쪽 싹이 먼저 나오면 흉년이 든다는데, 느티나무가 물이 많은 땅에서 자라는 성질을 이용한 생활의 지혜인 셈이지. 땅속에 물이 풍부하면 나무 꼭대기까지 물이 잘 올라가서 싹이 나는 거니까 농사도 잘된다고 본 거야.

조선 시대 학자인 퇴계 이황은 뜰에 심은 느티나무의 줄기가 시드는 것을 보고 앞으로 자신에게 곤란한 일이 닥칠 것을 예감했다고 해. 이 예감은 맞아떨어져서 뒷날 을사사화에 연루되어 파직되었어. 느티나무와 서로 교감한 것일까?

주인을 살린 오수의 개

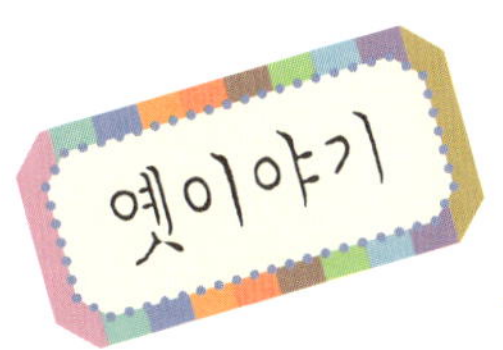

전라도 남원의 한 마을에 김개인이라는 할아버지가 살고 있었어. 할아버지는 자신이 기르는 강아지를 무척이나 귀여워하여 밤낮으로 데리고 다녔지.

어느 날 이웃 마을에 잔치가 있다는 말을 듣고 잔칫집에 가면서 할아버지는 평소처럼 강아지도 함께 데리고 갔어. 오랜만에 맛있는 음식과 술대접에 배불리 먹고 취한 할아버지는 집으로 돌아오던 중에 피곤하여 산기슭에 누워 잠깐 잠이 들고 말았어.

그런데 마침 산불이 나서 잠자고 있는 할아버지 쪽으로 불이 번지기 시작했지. 할아버지 옆에서 할아버지가 깨어나기를 기다리던 강아지는 주인을 구하고자 큰 소리로 짖어 대고 옷소매를 끌어도 보았지만 할아버지는 깨어나지 않았어.

산불이 자꾸 커지면서 번져 오자 강아지는 할아버지가 위태롭다는 걸 느끼고는 산 아래 개울에 가서 온몸을 물로 적셔 할아버지가 누워 계신 주위의 풀 위로 뒹굴면서 산불이 할아버지에게 오지 못하게 해 할아버지의 생명을 구해 주었어.

할아버지가 잠에서 깨어났을 때는 이미 강아지는 탈진하여 죽어 있었지. 뒤늦게 사실을 안 할아버지는 강아지의 행동에 감동하여 눈물을 흘리며 양지바른 곳에 잘 묻어 주고 무덤 앞에 자신이 소중하게 여기던 지팡이를 꽂아 주었어.

세월이 흘러 그 지팡이는 싹을 틔우고 뿌리를 내려 훌륭한 나무가 되었어. 마을 사람들은 이 나무를 강아지의 뜻을 기려 '개나무'라고 이름 지었고, 마을 이름도 '개 오(獒)' 자와 '나무 수(樹)' 자를 써서 '오수 마을'이라 불렀어. 그 마을이 지금 전북 임실의 오수라는 마을이야.

느티나무

- **분류** : 장미목 느릅나뭇과
- **자라는 곳** : 한국, 일본, 시베리아 등. 산기슭이나 골짜기 또는 마을의 흙이 깊고 진 땅에서 잘 자란다.
- **생김새** : 큰 것은 키가 26미터에 달하고 몸통의 지름이 3미터까지 자란다. 나무껍질은 회백색이고 늙은 나무에서는 비늘처럼 떨어진다.
- **잎** : 어긋나고 달걀 모양이며 가장자리에 톱니가 있다.
- **꽃** : 5월에 핀다.
- **열매** : 납작한 공 모양이고 딱딱하며 뒤에 모가 난 줄이 있고 10월에 익는다.
- **쓰임** : 봄에 어린잎을 떡에 섞어 쪄서 먹고, 목재는 집을 짓거나 가구, 조각품, 악기, 선박 등을 만들 때 재료로 쓴다.

소랑 아무 관계없어!

흔해서 친한 나무

소나무야 소나무야
언제나 푸른 네 빛

독일 민요에 노랫말을 붙인 노래야. 눈보라 치는 겨울에도 늘 푸른 빛을 띠는 소나무를 노래하고 있어. 애국가 2절에도 소나무가 나와. '남산 위에 저 소나무 철갑을 두른 듯 바람 서리 불변함은 우리 기상 일세' 하고 말이야.

이처럼 소나무는 우리하고 매우 친한 나무 중 하나야. 우리가 사는 동네에서도 흔히 볼 수 있고, 우리나라 산과 들 어디서나 만날 수 있지.

나무 중 으뜸 나무

소나무가 지구상에 나타난 것은 지금으로부터 약 2억 년 전쯤이라고 해. 화석을 보고 추측한 거야. 정말 오랫동안 인류와 함께한 나무지? 우리나라에서 발견된 소나무 화석도 1억 년 전쯤의 것이라고 해. 그래서 나무 중의 으뜸이라고 하는 모양이야.

'소나무'라는 이름도 그런 뜻을 담고 있어. 소나무는 '솔'이라고도 부르는데, 솔은 옛 우리말에서 우두머리나 높고 으뜸을 이르는 '수리'라는 말이 변한 거야. 그래서 으뜸 나무라는 뜻으로 '솔나무'라고 부르다가 '소나무'가 된 거지.

'솔'이라는 옛말이 뾰족한 것을 뜻하는 말이라고 풀이하는 학자들도 있어. 소나무의 잎을 보면 바늘처럼 길고 뾰족하게 생겼잖아? 그래서 솔나무라고 했다는 거야.

어찌 됐든 소나무 이름에 대한 두 가지 의견 모두 소나무를 설명하는 데는 잘 맞는 거 같아. 사시사철 푸름으로 오랫동안 우리와 함께한 으뜸 나무이고 또 뾰족한 잎을 가진 나무니까 말이야.

송풍과 라월의 슬픈 사랑

옛날 백두산 기슭에 있는 한 마을에 송풍이라는 청년과 라월이라는
처녀가 살았어. 한 마을에서 태어나고 자란 두 사람은 보름달이 뜬
봄날 밤에 장차 부부가 되자는 언약을 맺었지.

하지만 두 사람 모두 가난했기에 살림살이는 무척 어려웠어. 그래서
마을의 부잣집에서 해마다 곡식을 빌리고 빚 독촉에 시달렸어.

마을에 가뭄이 들어 흉년이던 어느 해에 또 곡식을 빌려야 했는데,
부잣집의 맘씨 고약한 주인이 라월에게 곡식을 꾸어 줄 테니 첩으로
들어와 살라고 했어. 라월은 이미 결혼을 약속한 사람도 있고 곡식을
이용해 욕심을 채우는 당신은 나쁜 사람이라며 차라리
굶어 죽겠다며 울면서 집으로 돌아오고 말았지.

화가 난 부잣집 주인은 라월의 약혼자 송풍에게
지금 당장 그동안 빌려 간 곡식을 갚으라고 을

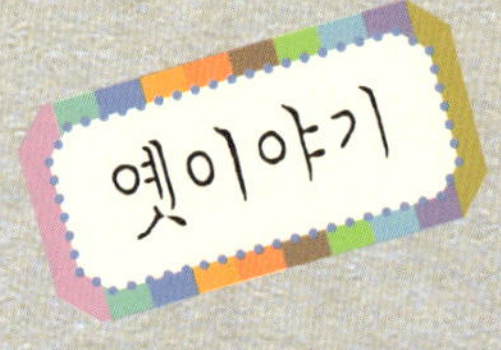

러 댔어. 만약 곡식을 갚을 수 없다면 1년 동안 성을 쌓는 부역을 하러 먼 길을 떠나라고 협박을 했지.

당장 빚을 갚을 길 없는 송풍은 부역을 하러 떠날 수밖에 없었어. 떠나기 전날 밤 송풍과 라월은 결혼을 약속했던 강가에서 만나 '우리가 이승에서 부부가 되지 못한다면 저승에서라도 부부가 되자.'는 이야기를 하며 이별의 정을 나누었어.

송풍이 부역을 떠나고 난 뒤 부잣집 주인은 중매쟁이를 내세워 끊임없이 라월을 괴롭혔어. 그러던 어느 날 부잣집 주인은 힘센 장정들을 시켜서 라월을 잡아 오라 명령했지. 더 이상 봐줄 수 없다면서 말이야. 집으로 들이닥친 장정들에게 라월은 하룻밤만 기다려 달라고 애원했어. 그러고는 그날 밤 송풍과 약속을 맺었던 강가에 나가 바위 위에 물 한 그릇 떠 놓고 절을 올리면서 홀로 혼인을 맺는 의식을 치르고 강물에 몸을 던지고 말았지.

억울하게 죽은 라월의 주검은 강물을 따라 마을 어귀를 몇 번 돌다가 강기슭에 밀려왔고, 강물도 슬피 울며 부드러운 모래와 흙으로 라월의 주검을 덮어 무덤을 만들어 주었어. 그 뒤 무덤 위에 소나무 한 그루가 솟아나 자라기 시작했지.

라월이 죽은 지 3년이 지나서야 부역을 마친 송풍이 돌아왔어. 성을 쌓다 몸을 다쳐 곧바로 돌아오지 못하고 뒤늦게 온 거였어.

고향에 돌아와 라월의 소식을 들은 송풍은 목 놓아 울며 라월의 주검이 묻힌 강가에 나갔어. 마을 사람들이 알려 준 대로 라월의 무덤을 찾아가니 그곳에는 목을 길게 빼고 사랑하는 사람을 기다리는 모습처럼 생긴, 키가 큰 미인송 한 그루가 자라고 있었지.

송풍은 미인송을 끌어안은 채 라월을 애타게 부르다가 붉은 피를 토하며 죽고 말았어.

그러자 강가에서 안개가 피어오르기
시작했고, 송풍의 주검을 안아 주듯
덮더니 미인송을 휩싸며 빙빙

돌다가 하늘로 천천히 올라갔어.

그 후로 미인송은 더 크게 자랐고

가지마다 주렁주렁 솔방울이 열려

바람을 타고 소나무 씨앗이 사방으로

퍼졌어.

이 이야기는 백두산 북쪽 안도현 북흥 이도백하 마을

어귀 '송풍라월'이라는 미인송 숲에 전해 오는 슬픈 전설이야.

 잠깐상식

소나무

- **다른 이름** : 육송, 솔낭구, 솔낭게, 솔투방 등
- **분류** : 구과목 소나뭇과
- **자라는 곳** : 한국, 일본, 만주 등. 척박한 땅에서도 잘 자란다.
- **생김새** : 큰 것은 키가 35미터 정도까지 자라고 몸통 지름이 2미터까지 자란다.
  껍질은 짙은 갈색 또는 붉은 갈색으로 거북이 등처럼 갈라진다.
- **잎** : 뾰족한 바늘 모양이며 2년마다 잎갈이를 한다.
- **꽃** : 암수한그루로 5월에 꽃을 피운다.
- **열매** : 솔방울이라 부르는데, 달걀 모양이고 갈라진 껍질 사이에서 날개 달린 씨가 나온다.

꽃도 열매도 유명해

봄을 알리는 꽃

세상의 모든 꽃 피기도 전에 홀로 나와

낮은 동산에서 애교를 떠는구나

나무 그림자 맑은 물결 위에 드리우니

그윽한 꽃향기는 달빛 따라 흐르네

이 시는 중국 송나라 때 임포라는 시인이 매화를 노래한 것이야. 임포 시인은 매화를 너무도 사랑한 나머지 수백 그루의 매실나무를 심어 가꾸면서 매실나무와 결혼까지 했다고 전해져.

시에서도 나오듯이 매실나무 꽃인 매화는 다른 꽃들이 채 피기도 전
인 이른 봄에 제일 먼저 꽃을 피우지. 그래서 예전부터 사람들은 매
화를 보면 이제 겨울이 가고 봄이 오는구나 알았다고 해. 추운 겨울
내내 움츠렸던 몸과 마음이 매화를 보면서 활짝 깨어나는 거야.

임신을 알리는 열매

매화나무라고도 불리는 매실나무는 중국에서 쓰는 한자 이름을 그대
로 썼어. '매'는 한자로 '梅'라고 쓰는데, '나무 목(木)'과 '어미 모(母)'
라는 두 글자를 합하여 만든 거야. '엄마가 되는 것을 알려 주는 나무'
라는 뜻인 거지.

엄마가 된다는 것은 임신해서 아기를 낳는 것을 말하는 데 나무가 어떻게 알려 줄 수 있을까? 사실 매실나무 열매인 매실은 아주 신맛을 가졌어. 임신을 하면 신맛 나는 음식을 찾게 되거든. 지금과 같이 임신을 하자마자 병원에서 바로 그 사실을 알 수 있는 시대가 아니었던 옛날에는 임신 초기에는 자신이 아기를 가졌는지 잘 몰랐다고 해. 그래도 입맛은 속일 수 없는 거지. 갑자기 신 음식을 찾거나 신 과일을 좋아하게 되면 그제서야 임신을 알게 되었다는 거야. 신맛이 나는 매실이 그런 역할을 한 거지.

아름다움의 상징 매화

매화는 여러 종류가 있는데 그중에서도 홍매와 백매를 사람들이 가장 좋아해. 홍매는 붉은 매화이고, 백매는 흰 매화를 말해. 공원이나 정원에 피어 우리가 쉽게 볼 수 있는 매화는 대부분 백매야. 아직 겨울바람이 가시지 않은 3월 초에 하얗게 피어나는 백매는 보는 사람마다 아름다움에 감탄을 하게 마련이지. 게다가 은은한 향기까지 가지고 있으니 예부터 많은 시인들이 매화를 노래하고 화가들은 매화 그림을 그렸던 거야.

옛이야기

매화나무와 휘파람새

옛날 중국 산둥 지방에 용래라는 청년이 살고 있었어. 용래는 같은 동네에서 자란 아가씨와 결혼을 약속하여 혼례를 앞두고 있었는데, 약혼녀가 갑자기 병에 걸려 죽고 말았지.

약혼녀를 잃은 용래는 너무나도 애통한 나머지 매일 약혼녀의 무덤에 찾아가 눈물을 흘리며 울었어.

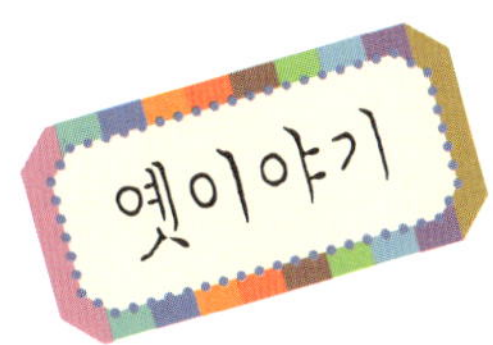

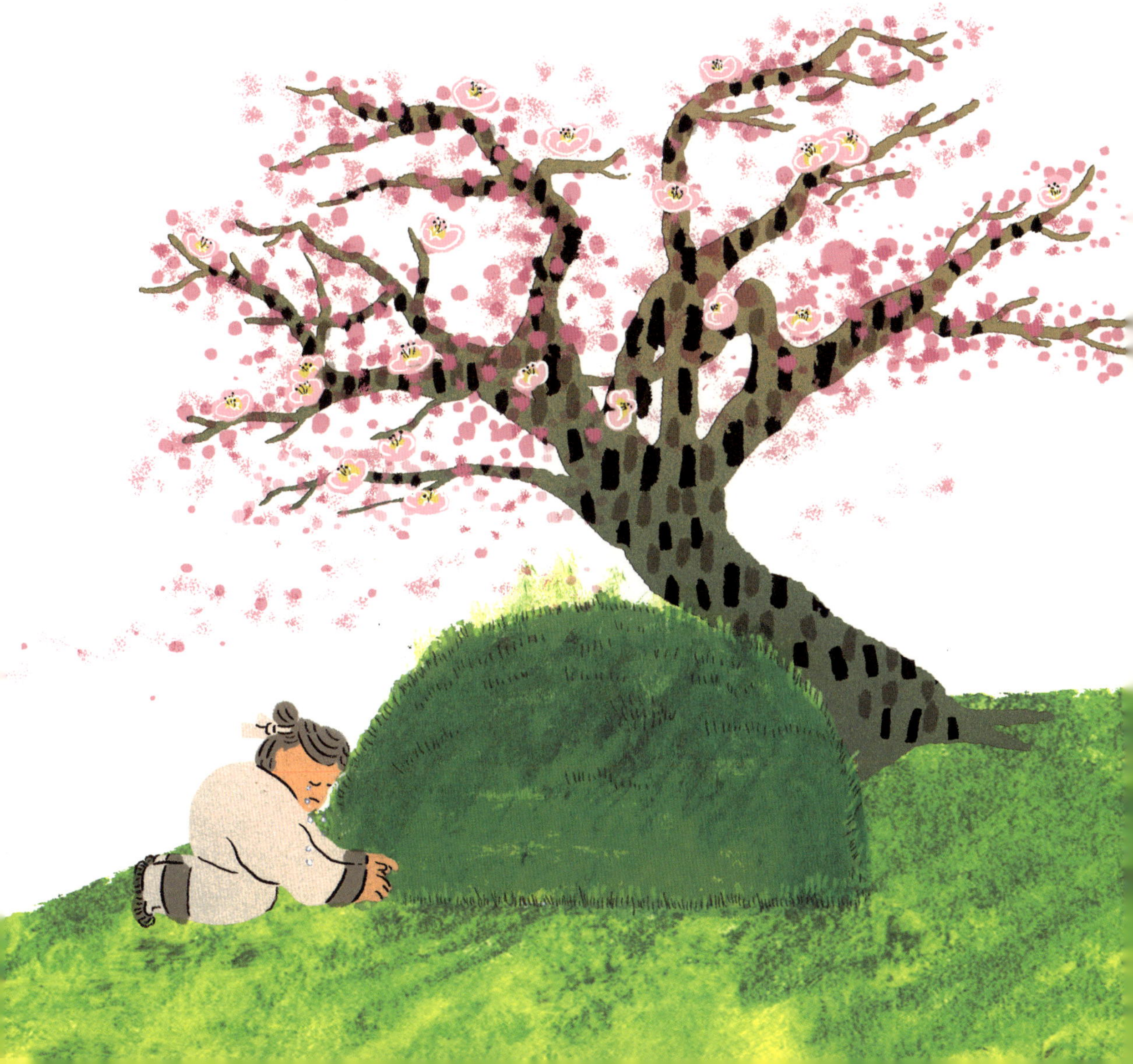

그러던 어느 날 약혼녀의 무덤에서 매화나무 한 그루가 자라나기 시작했어. 용래는 그 나무가 약혼녀의 넋이라고 생각하여 집으로 옮겨 소중히 길렀지. 무럭무럭 자란 나무는 해마다 봄이 되면 아름다운 꽃을 피워 집 안에 꽃향기를 가득 선물했어.

용래는 그 나무를 키우며 결혼하지 않고 홀로 늙어 죽었는데, 한 마리 새로 환생하여 그 매화나무 곁을 떠나지 않았다고 해.

지금도 매화나무에 꽃이 필 무렵이면 휘파람새 한 마리가 날아와 지저귀는데 후세 사람들은 이 휘파람새가 용래의 넋이라고 생각한대.

매화꽃이 많이 피면 풍년이 들고 매실이 많이 달리면 논농사가 잘된다

매화는 봄이 채 오기도 전에 피는 꽃이야. 그러므로 매화가 많이 핀다는 것은 그만큼 추위가 일찍 물러가고 따뜻한 기운이 찾아온다는 것이므로 농사에도 이롭다는 뜻이지.

매화도 한철, 국화도 한철

매화와 국화는 꽃이 아름다워 사람들이 즐겨 찾는 꽃 중의 꽃이야. 하지만 매화도 국화도 한철만 피었다 지는 것. 그처럼 행복하고 아름다운 시절도 길지 않으니 열심히 살라는 뜻의 속담이야.

매실나무

- **분류** : 장미목 장밋과
- **자라는 곳** : 한국, 중국, 일본 등
- **생김새** : 키는 5미터 정도 자란다.
  나무껍질은 노란빛을 띤 흰색, 초록빛을 띤 흰색, 붉은색 등이다.
  작은 가지는 잔털이 나거나 없다.
- **잎** : 어긋나고 달걀 모양이다. 가장자리에 톱니가 있다.
- **꽃** : 3~4월에 잎보다 먼저 핀다. 흰색, 붉은색 등 다양하고 향기가 강하다.
  꽃잎은 주로 다섯 개이다.
- **열매** : 3센티미터 크기의 공 모양으로 녹색이다.
  7월에 노란색으로 익고 털이 빽빽이 나고 신맛이 강하다.

껍질이 까맣다고?

비슷하지만 다른 소나무

우리나라에서는 어디를 가나 소나무를 쉽게 볼 수 있어. 산에도 소나무가 제일 많이 자라고, 마을 언덕이나 논밭 사이에도 소나무가 자라고 있지. 그런데 언뜻 보면 다 비슷한 소나무 같지만 사실은 종류가 무척 많아.

가문비나무도 그런 소나무의 일종이야. 특히나 같은 소나뭇과인 전나무와 똑같이 생겨서 구별하기도 쉽지 않아. 그래도 잘 관찰해 보면 전나무는 키도 크고 열매인 솔방울의 모양도 살짝 다르게 생겼어. 전나무 솔방울은 매끈하게 생겼는데 비해 가문비나무 솔방울은 꺼칠꺼칠하거든.

나무 도시락을 만들어 줄게

그런데 왜 이름이 '가문비나무'일까? 가뭄 때 비를 불러오는 나무라서일까?

가문비라는 이름은 나무의 겉껍질이 검은색이라서 붙은 거야. 예전에는 한자로 '흑피목'이라 불렀어. 우리말로는 '검은피나무' 즉 검은 껍질 나무라고 불렀는데, '검은피나무→가문피나무→가문비나무'로 바뀐 거야. '감비나무'라고 부르는 곳도 있어.

가문비나무는 나무에 끈끈한 송진이 많지 않아서 집을 짓거나 배를 만들 때, 또 성냥개비를 만들 때 주로 사용했다고 해. 그리고 옛날에는 소풍 갈 때 김밥을 넣어 가는 얇은 나무 도시락을 만드는 재료로도

사용했어. 지금이야 대부분 플라스틱 도시락을 쓰지만 옛날에는 가문비나무를 얇게 잘라서 만든 나무 도시락을 많이 썼거든.

가문비나무

- **분류** : 구과목 소나뭇과
- **자라는 곳** : 한국, 일본, 만주 등. 해발 500~2,000미터 사이의 습도가 높고 추운 지역에서 잘 자란다. 우리나라에는 지리산, 덕유산, 설악산 등지에 있다.
- **생김새** : 아주 큰 것은 키가 40미터에 달한다. 나무는 원뿔 모양으로 자라고 껍질은 흑갈색이며 벗겨진다.
- **꽃** : 암수한그루이고 수꽃은 원통 모양으로 황갈색이며 암꽃은 타원형으로 연한 자줏빛을 띤다.
- **열매** : 동그란 모양이고 9월에 익는다. 가지 끝에 달리는데 씨에는 날개가 있다.

나? 굴러들어 왔다

언제부터 콩을 먹었을까

"또 콩밥이야?"

이런 투정을 하면서 밥 속에 든 콩을 골라내고 먹는 친구들을 종종
볼 수 있어. 하지만 콩이 우리 몸에 얼마나 좋은지를 알고 나면 더 이
상 콩을 골라내지 않을 거야.

사람들이 콩을 재배해서 먹기 시작한 것은 무척
오래되었어. 콩의 원산지는 한반도와 만주 남부
라고 알려져 있는데, 지금으로부터 7천
년 전에 한반도에서 콩을 길렀던
흔적이 발견되었거든.
아시아에서

재배하기 시작한 콩은 18세기에 세계로 널리 퍼져 나가 이제는 전 세계 많은 사람들이 건강 음식으로 콩을 즐겨 먹고 있지.

강남에서 온 강낭콩

'콩'의 어원은 정확히 밝혀지지 않았어. 몇 가지 주장이 있는데, 그중에는 옛말 '고히'가 변해서 '콩'이 되었다는 얘기가 있지. '콯' 또는 '고히'의 '고'는 '동그랗게 뭉쳐진 것, 돋아난 것'을 뜻한다고 해. '콩'처럼 '코'도 '고'에서 비롯되었대. 코도 사람 얼굴 위에 돋아났잖아?
'콯', '고히'가 '콩'이라는 말로 변했다는 이야기와 비슷한 것도 있어. '땅'이라는 말도 옛날에는 '땋', '따히'라고 했대. 세월이 지나면서 '따히→땅'으로 변한 거야.
콩 중에는 밥을 지을 때 많이 넣는 강낭콩이 있는데, 크기가 약간 크고 붉은빛을 띠어. 이 콩은 원래 '강남콩'이라고 불렸어. 옛날에는 중국의 남쪽 지방을 한자로 '강남'이라고 불렀는데, 이곳에서 들어온 콩이라는 뜻으로 '강남콩'이라고 불린 거지. 이 말이 변해서 '강낭콩'이 된 거야. 강남콩보다는 강낭콩이 말하기 편해서 바뀌게 되었는데 지금은 강낭콩이 표준어야.

콩 볶아 먹다가 가마솥 터뜨린다

콩을 볶으면 요란한 소리를 내며 이러저리 튀어 나가게 마련이야. 그처럼 작은 욕심을 부려 일을 벌이다가 크게 그르칠 수 있음을 빗대어 이르는 말이지.

콩 심은 데 콩 나고 팥 심은 데 팥 난다

나쁜 짓을 하면 벌을 받게 되고, 착한 일을 하면 칭찬을 받게 된다는 뜻이야.

콩 심어라 팥 심어라 한다

자기 일도 아닌데 이래라저래라 참견하는 사람에게 충고하는 말이야.

콩으로 메주 쑨다 해도 안 믿는다

메주는 콩으로 쒀. 당연한 말이나 행동을 했는데도 의심하고 믿지 못하는 사람에게 하는 말이야.

잠깐상식

콩

- **분류** : 장미목 콩과
- **꽃** : 7~8월에 자줏빛이 도는 붉은색 또는 흰색으로 피고, 잎겨드랑이에서 나온 짧은 꽃대에 총상꽃차례를 이루며 달린다. 꽃받침은 종 모양이고 끝이 다섯 개로 갈라진다.
- **열매** : 납작한 손가락 모양의 껍질에 싸여 있고, 한 개에서 일곱 개 정도의 씨앗이 들어 있다. 다 익으면 껍질이 터져 씨앗이 멀리 날아가 흩어진다. 씨앗의 모양은 납작하거나 둥근 모양 등 다양하다. 빛깔은 검은색, 갈색, 초록색, 누런색 등 여러 가지가 있다.

곱다고? 당연하지!

아름다움의 으뜸은 꽃

꽃은 왜 피는 걸까? 바로 식물이 제 자손을 남기기 위해서야. 식물의 꽃에 돋아나 있는 수꽃의 꽃가루가 바람이나 곤충, 동물 등의 도움을 받아 암꽃을 만나 씨앗을 만들고, 그 씨앗은 다시 땅속으로 들어가 새로운 식물로 자라게 되거든.

이렇게 꽃이 있어야만 식물이 다음 세대로 이어져 멸종하지 않고 살 수 있으니 꽃은 식물에게 아주 중요한 것이지. 그래서일까? 세상에 있는 꽃들은 대개 모양도 참 예쁘고 빛깔도 아름다워.

사람들도 "꽃처럼 예쁘다."는 말이나 "꽃다운 나이"라는 말을 자주 하는 걸 보면, '꽃'은 세상의 모든 아름다운 것 중에서도 으뜸을 이르는 말일 거야.

곱디고와서 꽃

꽃은 예전에 '곶'이라고 불렸어. 세종 대왕이 한글을 창제한 후 쓴 책 《용비어천가》에 '곶'이라는 말이 나와. 그때는 '곶'과 '곳'이 같이 쓰였지. 이때의 '곶'이 어떤 뜻인지는 확실하지 않아. 바다 쪽으로 뾰족 튀어나온 땅을 '곶'이라고 부르는데, 꽃의 옛말인 '곶'도 이런 뜻이라고 말하는 사람도 있어. 꽃도 가지에서 튀어나온 거니까 말이야.

옛날에는 꽃을 '고시' 또는 '고사'라고 불렀다고 주장하는 사람도 있어. 이 말은 '곱다', '고운 것'이라는 뜻인데, '곱다'의 '곱'이 '고시'로 변하고, 이게 다시 '고지→꽃'으로 변했다는 거야. 이 이야기대로라면 옛사람들도 꽃을 무척이나 고운 것으로 생각했다는 걸 알 수 있어.

꽃이 없어서 무화과라고?

혹시 무화과나무 열매를 먹어 본 적이 있니? 무화과나무 열매인 무화과는 정말 달고 맛있거든. 바짝 말려 먹기도 하고 갓 딴 말랑말랑한 열매를 먹기도 해.

'무화과나무'라는 이름은 한자로 '꽃(花 꽃 화)이 없는(無 없을 무) 나무'라는 뜻이야. 정말 무화과나무는 이름처럼 꽃이 없을까? 그렇지 않아. 우리가 먹는 무화과 속에 꽃이 있어. 꽃받기와 씨방이 발달한 게 열매거든. 겉으로는 꽃이 없는 것처럼 보이지만, 열매 속에 많은 작은 꽃들이 들어 있는 거야.

식물학에서는 꽃이 없는 식물을 '민꽃식물'이라고 불러. 민꽃식물에는 이끼 같은 선태식물이나 고사리 같은 양치식물 등이 있어. 이런 식물 외에는 거의 꽃이 핀단다. 꽃이 피는 식물은 '꽃식물'이라고 해.

꽃구경도 밥 먹고 나서 한다

꽃구경이 제아무리 좋아도 굶어 가면서 하지는 않듯이, 구경보다는 먹는 것이
더 중요하다는 뜻의 속담이야.

꽃 본 나비요 물 본 기러기다

나비가 꽃을 좋아하고 기러기가 물을 좋아하듯이, 자기가 가장 좋아하는
사람이나 좋은 때를 만났다는 뜻이야.

달리는 말 위에서 꽃구경하기

빠르게 달리는 말 위에 앉아서는 꽃을 제대로 구경할 수 없겠지? 너무 급
하게 서두른 탓에 내용을 잘 알 수 없다는 뜻이야.

꽃

- **분류** : 속씨식물의 생식 기관
- **생김새** : 꽃자루의 끝에서 피고 모양과 빛깔이 여러 가지이며,
  식물의 종류에 따라 각각 특징이 다르다.
- **꽃자루** : 긴 것과 짧은 것 또는 짧아서 잘 보이지 않는 것도 있다.
  꽃자루의 끝을 꽃턱 또는 꽃받이라 하고, 여기에 꽃받침, 꽃잎, 수술, 암술이 달린다.
  꽃잎과 꽃받침은 잎이 변해 생긴 것이다.

나는 꽃 너는 잎

나무와 풀에서 피어나는 꽃은 참 아름답지? 그래서 사람들이 꽃을 좋아하나 봐. 또 답답한 도시에서 살다가 자연의 푸른 잎을 보면 마음도 맑아지고 기분도 한결 상쾌해져. 우리가 말하는 '자연'은 이렇게 풀과 나무가 함께 어울려 있어야 맞는 거 같아.

꽃이나 잎의 모양에 따라 이름을 붙인 식물에는 어떤 게 있을까?

꽃의 생김새에 따른 이름

봄이 한창인 4월이면 어디서나 목련꽃을 볼 수 있어. '목련'은 한자 이름인데 풀이하면 '나무에 핀 연꽃'이라는 뜻이야. 꽃 모양이 연꽃처럼 하얗고 커다랗게 피어나서 그렇게 이름 지은 거야.

꽃이 큰 식물에는 함박꽃도 있어. '함박'은 나무의 속을 파내어 만든 함지박 그릇을 말해. 함박꽃이 그릇만 한 꽃이어서 붙은 이름이야. 함박꽃보다는 좀 작지만 접시꽃도 있어. 넓적하게 피는 것이 꼭 접시를 닮아서 접시꽃이야.

이팝나무는 꽃이 푸짐하게 담아 놓은 쌀밥 같다고 해서 붙은 이름인데, 이름이 비슷한 조팝나무도 있어. 말 그대로 조밥을 담아 놓은 모양이라서 조팝나무야. 박태기나무라는 것도 있는데, 이름만으로는

알쏭달쏭하지? 이 나무는 꽃 모양이 밥알처럼 생겼는데 '밥알'을 일컫는 사투리인 '밥태기'가 변해서 '박태기나무'가 된 거야.

그러고 보니 며느리밥풀꽃도 밥알을 생각나게 하는 이름이네. 꽃술에 달린 돌기가 꼭 밥풀 두 알이 매달린 것처럼 생겼거든.

잎의 생김새에 따른 이름

식물의 잎은 광합성 작용을 해서 식물의 성장을 돕는 역할을 해. 열매를 맺게 하는 꽃만큼이나 중요한 부분이지. 사람이나 동물에게도 식물의 잎은 중요해. 우리가 먹는 음식 중에 식물의 잎이 많거든.

식물의 이름 중에는 이런 잎의 모양이나 쓰임에 따라 붙은 이름이 많아. 집에서 화분에 많이 키우는 팔손이나무도 그중 하나야.

잎이 여덟 갈래로 갈라져서 팔손이라는 이름이 붙었거든.

그러면 일곱 갈래인 잎은 없을까? 있어. 칠엽수라는 나무가 그거야. 또 오갈피나무는 잎이 다섯 갈래로 갈라져서 붙은 이름이야. 박쥐나무는 잎이 활짝 편 박쥐의 날개처럼 생겨서 붙은 이름이고 말이야.

붉나무는 가을에 단풍이 들 때 유난히 붉은색을 띠어서 붉나무가 되었어. 사계절 내내 푸른 잎을 달고 있어서 이름이 사철나무인 것도 있지. 도토리가 열리는 참나무 종류 중에는 잎이 작은 녀석이 있어. 그래서 이름이 '졸참나무'가 되었지. 도토리도, 잎도 작아서 '대장' 참나무가 아니라 '졸병' 참나무가 된 거야.

"사시나무처럼 벌벌 떤다."는 말을 들어 봤니? 사시나무 잎은 잎자루가 길어서 바람이 조금만 불어도 잎이 흔들리거든. 우리말 가운데 가늘고 약한 물건을 뜻하는 '사시랑이'라는 말이 있는데, 바람이 조금만 불어도 흔들리는 나무의 모습을 보고 '사시나무'라고 이름 붙였다고 해.

열매와 나는 하나

식물 이름 중에는 열매와 관계있는 이름이 많아. 열매의 이름을 그냥 나무 이름으로 쓰는 것도 있고 말이야. 열매와 관련이 있는 식물 이름들을 알아볼까?

열매의 생김새에 따른 이름

구워 먹기도 하고 약으로도 쓰이는 은행나무 열매는 '은행'이야. 한자로 된 이름인데 풀이하면 '은색을 띤 살구'라는 뜻이지. '행(杏)'이라는 한자가 '살구'를 가리키거든. 은행은 작은 살구처럼 생겼는데 껍질을 벗겨 보면 은색 속껍질에 싸여 있어.

재미난 이름도 있어. 열매가 스님의 빡빡 깎은 머리를 닮았다고 해서

이름이 붙은 중대가리나무, 쪼글쪼글하고 팥알만 한 열매가 꼭 쥐똥 같다고 해서 붙은 쥐똥나무, 열매 두 알이 서로 마주 보며 열리는 모양이 개 불알을 닮았다고 해서 이름 붙은 괴불나무도 있어. 아이들 노리개인 '괴불'과 닮아서 붙은 이름이라고도 하지만 말이야.

나무에서 열리는데 생긴 게 꼭 참외 같아서 한자로 '나무 목(木), 참외 과(瓜)'를 쓴 목과나무도 있어. 지금은 모과나무라고 불러. 그냥 먹으면 텁텁하지만 꿀이나 설탕에 재어 두면 달콤하고 향기로운 모과차를 즐길 수 있어.

열매의 쓰임에 따른 이름

식물의 열매는 사람이나 동물에게는 중요한 먹을거리야. 그런데 열매를 따서 먹어 보니 어떤 열매는 먹으면 탈이 나고, 어떤 열매는 맛이 달고, 또 어떤 열매는 먹지 못하지만 다른 쓰임새가 있고 그랬겠지? 그런 뜻을 이름에 담은 식물도 있어.

절에 가면 염주나무를 볼 수 있는데, 둥그렇게 열리는 열매로 스님들의 염주를 만들기 때문에 이런 이름이 붙었어. 오미자나무는 열매가 다섯 가지 맛을 낸다고 해서 붙은 이름이야. 신맛, 짠맛, 단맛, 쓴맛, 매운맛 이렇게 다섯 가지 맛이 난다고 해.

만 가지 병을 고치는 대단한 나무도 있어. 바로 만병초야. 정말 만 가지 병을 고치는 것은 아니지만 좋은 약 성분을 많이 가지고 있대.

달콤한 맛이 나서 '다래'라고 이름 붙은 것도 있어. '머루랑 다래랑 먹고 청산에 살어리랏다' 하는 내용의 시조에 나오는 그 다래야. 시장에서는 우리 재래종을 '참다래'로, 외국에서 들여온 품종을 '양다래'로 해서 팔고 있지. 우리에겐 '다래' 말고 다른 이름으로 더 익숙한데, 바로 '키위'야.

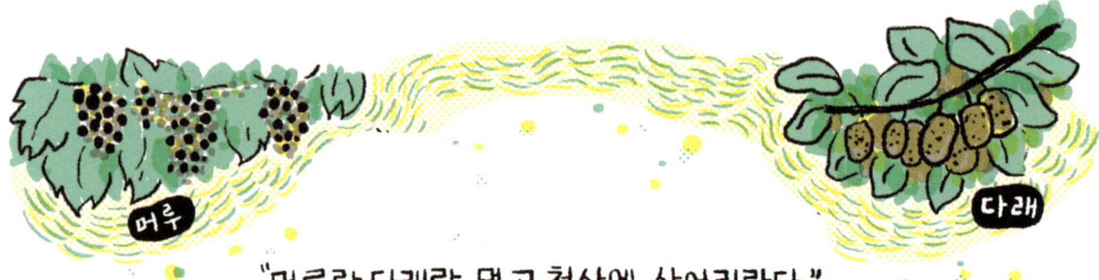

내 안에 고향 있다

예전에는 동네 아주머니들끼리 서로를 부를 때 '안성댁', '부산댁' 같은 식으로 부르곤 했어. 상대방이 자란 고향 이름을 붙여서 부른 거야. 식물 이름에도 이런 식으로 고향 이름이 붙은 게 많아. 말하자면 그 식물이 주로 사는 곳을 이름으로 붙인 거야. 산에서 자라는지, 강가나 들판에서 자라는지에 따라 이름을 붙였다는 말이지. 그런 식물 이름을 알아볼까?

바닷가나 계곡, 냇가에서 자라는 식물

물이 많은 계곡이나 냇가, 바닷가에서 주로 사는 식물 이름에는 '갯' 이라는 말을 잘 붙여.

갯질경이는 바닷가에서만 자라는 질경이꽃이야. 갯개미취라는 풀꽃도 바닷가 갯벌이나 소금기 있는 습지에서 잘 자라. 갯메꽃 역시 바닷가 모래밭에서 자라는 식물이야.

갯버들은 버드나무와 한 식구이지만 물이 많은 강가나 호숫가에서 자라기 때문에 갯버들이라고 불러. 갯버들은 봄이 오면 잎보다 꽃을 먼저 피우는데 가느다란 꽃이삭을 '버들강아지'라고 해. 보들보들한 솜털이 꼭 강아지 같거든.

골짜기 같이 습한 곳에서 자라는 식물에는 '골'이라는 말을 붙이기도 해. 골고사리나 골병꽃나무가 그런 종류야.

산에서 자라는 식물

우리나라에는 산이 참 많아. 산에서 자라는 식물도 많지. 그런 식물에는 '산'이라는 말을 붙여서 이름을 지었어.

산구절초는 산에서 자라기에 붙은 이름이야. 구절초는 흔히 들국화라고 부르는 풀꽃인데 그중에서도 산에서 잘 자라는 것을 산구절초라고 해. 수국도 산골짜기에서 자라는 것을 산수국이라고 하지.

산 이름이 붙은 식물도 있어. 금강산에서 주로 자라는 식물이라서 금강국수나무, 금강초롱꽃, 금강애기나리, 금강분취 같은 이름이 생겼고, 한라산에서 자란다고 한라송이풀, 한라솜다리, 한라돌창포, 한라고들빼기라고 이름을 붙였지.

산에 오르면 하늘에 떠 있는 구름이 손에 잡힐 듯 가까워 보이잖아? 그래서 산등성이 높은 곳에 사는 식물 이름에 '구름'을 넣어 지은 것도 있어. 구름국화, 구름패랭이꽃, 구름털제비꽃, 구름체꽃과 같은 풀꽃은 정말 구름이 코앞에 있을 것 같은 높은 산등성이에서 자라.

섬이나 두메산골에서 자라는 식물

우리나라는 산도 많지만 섬도 아주 많아. 가장 큰 섬이야 제주도지만 아직까지 아무도 가 보지 않아서 이름도 없는 무인도도 무척 많지. 이렇게 외딴곳에서 자라는 식물에는 '섬'을 붙여서 이름을 짓기도 해. 섬쥐손이, 섬잔대, 섬기린초, 섬백리향, 섬쑥부쟁이, 섬자리공, 섬초롱꽃, 섬딸기, 섬제비꽃, 섬천남성처럼 말이야. 참 많지? 이 식물들 대부분은 제주도와 울릉도에서 주로 자라.

외딴곳으로 치자면 두메산골도 만만치 않아. 그래서 첩첩산중 두메산골에서만 자라는 식물에는 '두메'라는 말을 앞에 붙여 이름 지어. 두메꿀풀, 두메냉이, 두메부추, 두메양귀비, 두메투구풀, 두메잔대 같은 풀꽃이 두메산골에서 자라는 식물이야.